VÖGEL
AUF WELTREISE
ALLES ÜBER ZUGVÖGEL

Fleur Daugey • Sandrine Thommen

Aus dem Französischen von
Edmund Jacoby

Verlagshaus Jacoby & Stuart

Inhalt

Kurzschwanz-Sturmtaucher

Wieso Vögel zu Zugvögeln geworden sind ...

Wohin sind die Vögel verschwunden, die im Frühjahr und Sommer unsere Gärten und Wälder bevölkert haben? Die Reiselust hat ihre Flügel gekitzelt, und sie haben sich auf Wanderschaft begeben. Auf der ganzen Erde vergeht kein Monat, an dem nicht ein Vogel seine Sachen packt und umzieht, auf der Suche nach Nahrung oder einer Umgebung, wo er sein Nest bauen kann.

Aber waren diese Vögel schon immer Zugvögel?

Schwer zu sagen, doch die Wissenschaftler meinen, sie waren es seit unvordenklichen Zeiten. Vor sehr langer Zeit herrschte praktisch auf der ganzen Erde ein tropisch heißes Klima. Als die Temperaturen sich abkühlten, entstanden Zonen mit gemäßigtem Klima und mit ihnen die Jahreszeiten. Die Vögel, die dort zu Hause waren, blieben den Sommer über und machten kurze Reisen, damit sie den Winter in den wärmeren Zonen verbringen konnten. Mit zunehmender Abkühlung des Klimas wurden diese Reisen immer länger. Anscheinend sind sie auf diese Weise zu echten Zugvögeln geworden. Aber niemand weiß wirklich genau, ob es sich so abgespielt hat, denn so lange zurückliegende Ereignisse sind sehr schwer nachweisbar.

Ein Beispiel aus der jüngeren Vergangenheit hilft uns zu verstehen, wie aus einem sesshaften Vogel ein Zugvogel werden konnte. Das ist die Geschichte des Girlitz. Vor dem 19. Jahrhundert lebte dieser kleine Sperlingsvogel ausschließlich in mediterranen Ländern, zum Beispiel in Marokko, Italien und Griechenland. Dann hat ein kleiner Teil dieser Vogelart begonnen, die Länder weiter nördlich zu besuchen und dort im Frühling ihr Nest zu bauen: in Nordfrankreich, Deutschland und in den Niederlanden etwa. Bei Winterbeginn fliegen diese Vögel nach Süden zurück. Es gibt also zwei Girlitz-Populationen: sesshafte Vögel, die nie die Heimat verlassen und wanderfreudige, die lieber den Sommer im Norden und den Winter im Süden verbringen.

So also werden manche Vögel zu Weltreisenden!

Halten die Schwalben Winterschlaf?

Im Lauf der Zeit haben die Menschen einen Haufen ziemlich seltsamer Geschichten erfunden, um das Verschwinden der Vögel im Winter zu erklären. Wir wollen uns in die alten Zeiten begeben und ein paar davon anhören.

Blühende Fantasie

Seit alter Zeit haben die Menschen den Aufbruch der Vögel beim Herannahen des Winters beobachtet. In der Bibel und in Homers *Ilias* wird bereits erwähnt, dass die Vögel nach Süden fliegen. Und dann wurde bemerkt, dass sie im Frühjahr zurückkehrten und so die Wiederkehr der schönen Tage ankündigten. Aber der Vogelzug hatte auch manches Geheimnisvolle. Deshalb kamen im Laufe der Jahrhunderte viele sagenhafte Vorstellungen über diese Vögel auf, die jeden Herbst verschwanden.

Einige davon gehen auf den berühmten Philosophen Aristoteles zurück. Dieser griechische Philosoph, der um 350 v. Chr. lebte, hat viel über Tiere und Pflanzen geschrieben. Er arbeitete aber nicht in derselben Weise wissenschaftlich wie die Forscher von heute, sondern ließ gern seine Fantasie schweifen und schrieb die Geschichten auf, die ihm erzählt wurden, ohne nachzuprüfen, ob sie auch stimmten. So schrieb er einigen Vögeln magische Kräfte zu. Für ihn waren **Rotkehlchen** und **Rotschwänze** dieselbe Art. Das Rotkehlchen sei ein Wintervogel, der sich im Sommer in einen Rotschwanz verwandelt. Er glaubte auch, dass sich die **Gartengrasmücken**, die er im Sommer beobachtete, im Winter in **Mönchsgrasmücken** verwandelten. Was für eine Fantasie!

In einer Felsenhöhle

Eine andere Geschichte, die Aristoteles über Zugvögel erzählt hat, war zwar auch falsch, wurde aber von vielen Wissenschaftlern bis ins 19. Jahrhundert hinein geglaubt. Er behauptete, dass einige Vögel wie Kraniche oder Pelikane zwar nach Süden flogen; andere jedoch Winterschlaf hielten. Der Winterschlaf von Murmeltieren war ja bekannt – warum sollte es so etwas nicht auch bei Vögeln geben? Für ihn schliefen Milane, Schwalben, Störche, Turteltauben, Lerchen und Amseln den ganzen Winter über in ihren Verstecken und wachten im Frühjahr wieder auf. Am meisten Geschichten wurden von den **Schwalben** erzählt. Aristoteles schreibt: „Es wurden eine Menge Schwalben in Felshöhlen entdeckt, ganz entblößt von ihren Federn." Er nahm an, dass ihnen vor dem Frühling ein neues Federkleid wuchs. Im Mittelalter glaubten alle an den Winterschlaf der Schwalben.

Am Boden eines Sees

Andere haben noch irrwitzigere Geschichten erfunden. Im Jahre 1555 schreib Olaus Magnus, ein schwedischer Bischof, ein Buch, in dem er näher auf die Lebensweise der **Schwalben** eingeht. Er räumt ein, dass einige den Winter in wärmeren Ländern verbringen; andere aber hielten sich mit den Schnäbeln, den Flügeln und den Füßen aneinander fest und bildeten so große Kugeln, die auf den Boden von Seen sanken. Zum Beweis versichert er uns, dass die Fischer zuweilen solche Schwalben-Kugeln in ihren Netzen fänden.

Wie konnte jemand glauben, dass die Schwalben tief im Wasser leben konnten ohne zu ertrinken?

Ein spätmittelalterlicher Gelehrter versuchte, diese unsinnigen Vorstellungen zu bekämpfen. Es handelt sich um Pierre Belon, einen der Begründer der modernen wissenschaftlichen Zoologie. Statt aufgeschnappte Geschichten nachzubeten oder neue zu erfinden, reiste dieser Ornithologe im Winter in die Mittelmeerländer. Er beobachtete die Störche auf den Wiesen Ägyptens und die Turteltauben und **Schwalben** auf ihrem Weg nach Afrika und in den Orient. Im Jahre 1553 verkündete Belon deshalb öffentlich, dass all diese Vögel Zugvögel sind und keineswegs Winterschlaf halten. Aber nicht alle haben ihm geglaubt. Bis ins 19. Jahrhundert lagen sich die Gelehrten darüber in den Haaren.

Auf dem Mond

Trotz der gewissenhaften Beobachtungen von Belon blühten auch weiterhin die seltsamsten Spekulationen zur Wanderung der Vögel. So behauptete ein anonymer Autor im Jahre 1703, die Vögel flögen im Winter zum Mond! Sie bräuchten sechzig Tage, um dorthin zu gelangen, und einmal dort angekommen zehrten sie den Winter über von ihren Reserven und verfielen in eine Art Winterschlaf.

Erst nach und nach, aufgrund von Beobachtungen und gesundem Menschenverstand, gelangte die Wissenschaft zu der Überzeugug, dass die Zugvögel im Winter andere Länder aufsuchten. Seit dem 20. Jahrhundert glaubte niemand mehr an den Winterschlaf der Vögel.

Zzzzz

Es gibt also keine Vögel, die Winterschlaf halten? Doch, doch!

Nämlich die **Winternachtschwalbe**. Sie ist der einzige bekannte Vogel, der Winterschlaf hält. Sie lebt in den Wüsten und Gebirgen von Colorado in Nordamerika. Ein Teil der Population wandert im Herbst nach Mexiko aus, während der andere Teil in eine Art Kältestarre oder Winterschlaf fällt. Die Vögel verkriechen sich in Felsspalten und schlafen dort ein. Dabei sinkt ihre Körpertemperatur von 40° auf 10 °Celsius.

Weshalb fliegen die Vögel fort?

Schlecht gedeckter Tisch

Oft heißt es, die Zugvögel fliehen vor dem Winter. Aber was heißt das genau? Vor der Kälte? Nein, vor der sind sie gut durch ihre Flaumfedern und die undurchdringlichen Deckfedern geschützt. Andererseits sorgen niedrige Temperaturen dafür, dass viele der Tiere und Pflanzen verschwinden, von denen sich die Vögel ernähren: Es gibt nur noch wenige Körner, Eidechsen und Schlangen verkriechen sich, um Winterschlaf zu halten, ebenso manche Nagetiere wie der Siebenschläfer oder der Gartenschläfer. Die Insekten verschwinden fast vollständig: Viele der adulten Tiere sterben, und die Larven verstecken sich den Winter über im Boden oder hinter Baumrinden. Das Nahrungsangebot reicht nur für einige Vögel, die im Land bleiben. Die anderen aber müssen ihr Futter woanders suchen.

Der Buchfink, die Kohlmeise und der Kleiber können in Ländern mit gemäßigtem Klima wie Deutschland oder Frankreich überwintern. Sie finden noch genügend Körner und Früchte, sowohl in der Natur als auch in den Vogelhäuschen in den Gärten.

Die Insekten- und Reptilienfresser jedoch können ihre Nahrung nur in den warmen Ländern finden. Unter den Greifvögeln betrifft das den Baumfalken, der sehr gern Insekten frisst, den Wespenbussard, der, wie der Name schon sagt, sich an Wespen und Bienen gütlich tut, und den Schlangenadler, der nichts lieber als Schlangen zu sich nimmt.

Der Mäusebussard, der sich von Feld- und Waldmäusen ernährt, kann bei uns bleiben, weil seine Beutetiere auch den ganzen Winter über auf den Feldern und auf dem Waldboden unterwegs sind.

Die Gänse im hohen Norden finden im Winter keine Weidepflanzen mehr. Die Weißstörche und Kraniche stöbern kaum noch einen Frosch oder Fisch auf, den sie sich in den Schnabel stecken können. Die kleinen Sperlingsvögel suchen vergeblich nach einer Mücke, die sie verschlucken könnten. Deshalb machen sich alle auf die große Reise, um anderswo auf der Erde wieder den Sommer genießen zu können.

Das Signal zum Aufbruch

Aber woher wissen sie, dass es Zeit ist aufzubrechen?
Die Entscheidung fällt immer auf dieselbe Weise. Wenn alle Signallämpchen grün leuchten, alle Schalter auf Okay stehen, dann heißt es: Fertig zum Start. Tatsächlich besitzen alle Zugvögel eine innere Uhr, die ihnen sagt: „Heute ist Abflugtag." Es sind ihre Gene, die diese Uhr stellen; die Vögel haben gar keine Wahl.
Diese Uhr funktioniert auch entsprechend der Länge der Tage: Wenn sie kürzer und die Nächte länger werden, wird das Signal gegeben. Das ist wie ein Wecker im Kopf des Vogels, der ankündigt: „Der Winter kommt."

Diese innere Uhr funktioniert vollkommen automatisch, aber der Vogel folgt ihr nicht blind. Wenn die Uhr befielt: „Los geht's!", aber gerade ein Unwetter herrscht, bringt sich der Vogel in Sicherheit und wartet ab, bis das Wetter wieder schön ist. Er muss auch sicherstellen, dass er sich genügend Fett angefuttert hat, um die Reise zu überstehen.
Und wenn dann eines schönen Tages der Himmel wolkenlos ist und ein Nordwind weht, der die Vögel nach Süden schiebt, hopp!, dann starten sie endlich und machen sich auf ihre große Reise!

Abenteurer oder Stubenhocker?

Bis ans Ende der Welt fliegen oder auf seinem Zweig bleiben? Jeder Vogel muss eine Antwort auf diese Frage finden. Und alle haben sie unterschiedliche Meinungen …

Grünspecht

Waldkauz

Rotkehlchen

Ringelgans

Haubenmeise

Schneehuhn

Die Stubenhocker

Der **Waldkauz** denkt gar nicht daran, sein Zuhause zu verlassen. Auch wenn die Luft eisig ist und die Verpflegung knapper wird, findet er doch immer noch hin und wieder eine unvorsichtige Waldmaus, die er mit Haut und Haaren verschlingt.

Auch die **Haubenmeise**, die Fichten- und Kiefernwälder bewohnt, gehört zu den häuslichen Vogelarten. Sie sucht Insekten und Larven unter den Rinden der Bäume und genießt die Beeren der Sträucher. Die **Spechte** bleibt ebenfalls im Lande. Sie schaffen es immer, Löcher in die Bäume zu schlagen und Insektenlarven herauszuholen.

Die großen Reisenden

Aber nicht jeder kann bleiben, denn es gibt nicht genug zu fressen für alle. Deshalb unternehmen viele Vögel zwei Reisen jährlich. Im Herbst fliegen sie nach Süden, und im Frühjahr kehren sie wieder zurück in die nördlichen Gefilde. Der **Weißstorch**, der **Gartenrotschwanz** und der **Schlangenadler** fliegen bis ins tropische Afrika. Der **Buchfink** bleibt im Mittelmeerraum. Während diese Vögel uns verlassen, kommen andere zu uns. Die kleine **Ringelgans** entflieht der sibirischen Kälte, um zum Beispiel die Kräuter an der französischen Atlantikküste zu probieren. Im Frühjahr kehrt sie dann in den hohen Norden zurück.

Manchmal kommt es darauf an

Bei manchen Arten machen sich einige Vögel auf die Reise, während andere zu Hause bleiben. Diese Arten heißen Teilzieher. Die **Rotkehlchen** des nördlichen Europa ziehen für den Winter in den Süden des Kontinents, doch in Frankreich und den meisten Gegenden Mitteleuropas bleiben sie das ganze Jahr in ihrem Garten.

Manchmal sind es nur die jungen Vögel, die ziehen, wie bei den **Kranichen**, die ihre Eltern zu Hause zurücklassen. Bei den **Schneehühnern**, die in Island leben, bleiben die männlichen Tiere den ganzen Winter über auf den kalten Höhen, während die Weibchen in die Täler hinabfliegen, wo es ein wenig wärmer ist.

Kranich

Sumpfohreule

Seidenschwänze

Fichtenkreuzschnabel

Hals über Kopf

Es gibt auch den plötzlichen Aufbruch zum Vogelzug, sogenannte Irruptionen. Wenn die Bäume und Sträucher reichlich Beeren und Samen tragen, bleiben die **Seidenschwänze** von Norwegen bis Finnland in Skandinavien. Doch wenn die Nahrung knapp wird, packen sie ihre Siebensachen und ziehen los, um alle möglichen Länder des südlicheren Europa zu besuchen. Auch bei uns lassen sie sich oft zu Tausenden nieder. Sie fressen die übriggebliebenen Äpfel oder Efeubeeren.

Immer unterwegs

Die **Sumpfohreule** kennt kein Zuhause. Sie ist überall in Europa unterwegs und ernährt sich von Feldmäusen. Wenn das Essen nicht schmeckt, wechselt sie einfach das Restaurant, also die Gegend. Wenn sie genügend zu fressen findet, richtet sie sich häuslich ein und produziert vielleicht sogar mitten im Winter Nachwuchs. Sie folgt keiner Regel, keinem Stundenplan. Sie macht einfach, was sie will! Auch der **Fichtenkreuzschnabel** lässt seinem Wandertrieb freien Lauf. Er ernährt sich ausschließlich von Fichtensamen. Er fliegt auf dem gesamten Kontinent von Wald zu Wald, stets auf der Suche nach seiner Lieblingsspeise.

Erstaunliche Verwandlungen!

Damit sie Tausende Kilometer im Flug zurücklegen können, müssen die Vögel richtige Superhelden werden!

Gas geben!

Wenn die Wanderlust beginnt, die Vögel an den Flügeln zu kitzeln, ändern sich ihre Fressgewohnheiten sowie ihr übriges Verhalten.

Einige bereiten sich von Geburt an auf ihre große Reise vor. Der **Sumpfrohrsänger**, die **Sperbergrasmücke** und der **Karmingimpel** kommen erst im Spätsommer auf die Welt. Ihnen bleiben nur drei Wochen, nachdem sie das Nest verlassen haben, bevor sie in das Überwinterungsgebiet abfliegen. Sie wachsen deshalb mit Höchstgeschwindigkeit, viel schneller als die Vögel, die zu Beginn des Frühjahrs geboren sind.

Fett speichern

Außerdem müssen sie sich mit Fett volltanken, bevor sie aufbrechen. Flugzeuge verbrennen Kerosin, Vögel Fett. Um so viel wie möglich davon anzusammeln, beginnen sie, gewaltig zu fressen. Dieses Verhalten wird Hyperphagie genannt. Überall im Körper setzen die Vögel nun Fett an, unter der Haut, am Bauch, in der Leber und in den Brustmuskeln, eigentlich überall, außer im Herz, denn davon würden sie krank.

Viele Insektenfresser unter den Vögeln, wie der **Bienenfresser** und die **Grasmücke** wechseln vor dem Zug ihre Nahrung; sie fressen jetzt Früchte, um noch mehr Energie zu speichern.

Die **Gartengrasmücke** verschlingt soviel Nahrung, dass sie ihr Gewicht glatt verdoppelt. Sie wiegt normalerweise 18 Gramm; bevor sie die Sahara überquert, steigt ihr Gewicht aber auf 36 Gramm. Der **Sanderling** ist ebenfalls ein großer Fresser. Im Frühjahr verlässt er Südamerika, um zu seinen Nistplätzen in der kanadischen Arktis zu ziehen. Vor dem Abflug frisst er derart viel, dass sein Gewicht von 48 auf 88 Gramm, also beinahe auf das Doppelte anwächst. Stellt euch ein Kind vor, das innerhalb weniger Wochen statt 30 plötzlich 60 Kilogramm wiegt! Für uns ist das unmöglich und wäre auch gefährlich, für die Vögel ist so etwas normal. Trotzdem müssen sie auf ihre Linie achten, denn wenn sie zu schwer werden, können sie nicht mehr abheben.

Karmingimpel

Sanderling

Stockente

Elastische Organe

Im Körper der weitreisenden Zugvögel kommt es zu erstaunlichen Veränderungen: Ihre Därme und ihre Leber wachsen, damit sie mehr verdauen können. Wenn die Vögel unterwegs Halt machen, um vollzutanken, können sie dadurch schneller wieder an Gewicht zulegen. Dieses Wachstum der Organe dauert bei den **Sperlingsvögeln** zwei Tage, dagegen zwölf bei einem Gänsevogel wie der **Ringelgans**. Allerdings wiegt ein längerer Darm mehr als ein kurzer; deshalb bildet er sich auch unmittelbar vor dem Aufbruch wieder zurück. Die Fähigkeit der **Watvögel** und **Enten**, die Größe ihrer Organe zu regeln, ist am spektakulärsten. Sie können sie je nach Bedürfnislage jederzeit schrumpfen oder wieder wachsen lassen. Die Vögel begrenzen auch ihren Wasservorrat, denn Wasser ist schwer. Deshalb trocknen sie weitgehend aus, um leichter zu werden.

Bienenfresser

Eine gut geölte Maschine

Damit die Flugmaschine, zu der der Vogel während seines Zuges wird, gut funktioniert, wächst die Brustmuskulatur, denn durch sie wird der Flug angetrieben. Auch das Herz und die Lungen legen ein wenig an Gewicht zu: Sie sind unverzichtbar für die bevorstehenden sportlichen Höchstleistungen. Das Atmungssystem und das Blut sind bei den Vögel übrigens leistungsfähiger als bei uns: Sie nutzen den Sauerstoffgehalt der Luft besser, und das Herz schlägt viel schneller als das von Säugern.

Eiderente

Brandgans

Eine neue Garderobe

Um ihre physische Verwandlung zu vollenden, ziehen die Vögel sich um: Die Schwungfedern, das heißt, die Federn der Flügel, werden grunderneuert. Denn um weit fliegen zu können, brauchen die Vögel tadellose Federn. Es kommt nicht in Frage, die Reise mit alten durchlöcherten Federn anzutreten. Während der Wochen und Monate vor der Abreise verlieren sie eine Feder nach der anderen, die ebenfalls jeweils nach und nach ersetzt wird. Auf diese Weise können sie stets fliegen.

Wasservögel wie die **Eiderente** oder die **Brandgans** verlieren dagegen alle ihre Flugfedern auf einmal und sind flugunfähig, bis sie nachgewachsen sind. Sie ziehen sich an ruhige Orte zurück, wo sie vor Räubern einigermaßen sicher sind und warten darauf, dass sie sich wieder in die Lüfte schwingen können.

Nächtliche Unruhe

Und schließlich ändert sich auch etwas im Verhalten der Vögel. Die, die gewöhnlich tagaktiv sind, beginnen, während der Nacht unruhig zu werden. Forscher haben diese Unruhe oft bei Käfigvögeln beobachtet. Gerade, wenn sich ihre freilebenden Artgenossen auf ihren Abflug vorbereiten, schlagen die kleinen Gefangenen die ganze Nacht über heftig mit den Flügeln und finden keinen Schlaf. Sie haben nur eins im Kopf: abfliegen!

Die Straßen des Himmels

Die Zugrouten der Vögel verlaufen kreuz und quer über den gesamten Globus. Die Nomaden der Lüfte bewegen sich in alle Richtungen.

Steinschmätzer

Steinwälzer

Sanderling

Knutt

Graubruststrandläufer

Von Norden nach Süden?

Gewöhnlich ziehen Vögel, die im Norden nisten, im Winter in den Süden. Die meisten europäischen Zugvögel machen sich deshalb Richtung Afrika auf. Aber in Amerika ist es ganz ähnlich. Die meisten Vögel, die in Kanada oder den USA nisten, verbringen die kalte Jahreszeit in Mexiko oder noch weiter südlich, in der argentinischen Pampa oder den tropischen Wäldern Brasiliens. Auch in Asien ziehen die Vögel aus dem Norden Chinas oder Japan nach Indonesien, Malaysia oder in ein anderes tropisches Land ihrer Wahl. Es gibt jedoch auch eine Reihe von Ausnahmen. Viele Vögel folgen ihren ganz speziellen Routen.

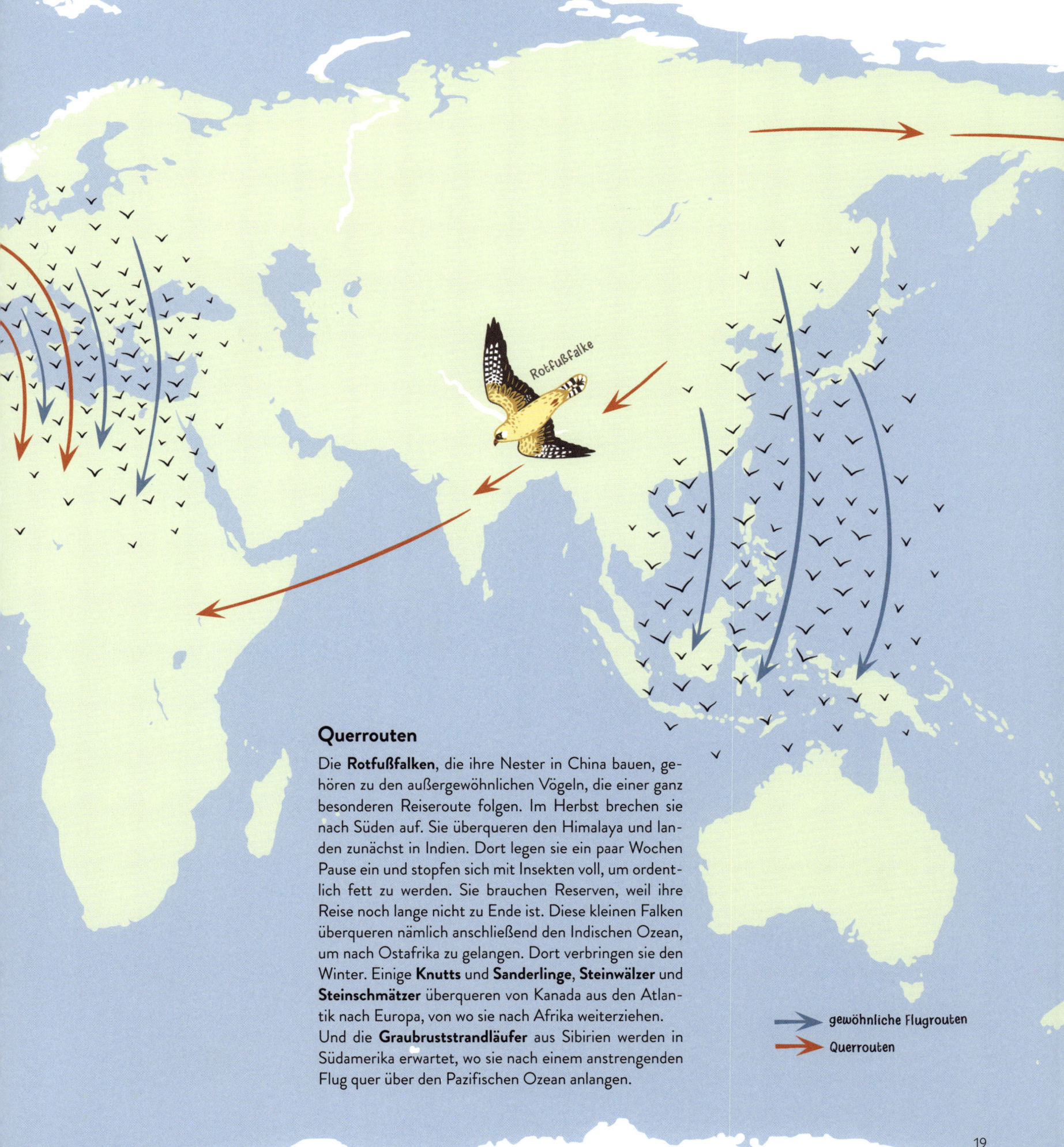

Rotfußfalke

Querrouten

Die **Rotfußfalken**, die ihre Nester in China bauen, gehören zu den außergewöhnlichen Vögeln, die einer ganz besonderen Reiseroute folgen. Im Herbst brechen sie nach Süden auf. Sie überqueren den Himalaya und landen zunächst in Indien. Dort legen sie ein paar Wochen Pause ein und stopfen sich mit Insekten voll, um ordentlich fett zu werden. Sie brauchen Reserven, weil ihre Reise noch lange nicht zu Ende ist. Diese kleinen Falken überqueren nämlich anschließend den Indischen Ozean, um nach Ostafrika zu gelangen. Dort verbringen sie den Winter. Einige **Knutts** und **Sanderlinge**, **Steinwälzer** und **Steinschmätzer** überqueren von Kanada aus den Atlantik nach Europa, von wo sie nach Afrika weiterziehen. Und die **Graubruststrandläufer** aus Sibirien werden in Südamerika erwartet, wo sie nach einem anstrengenden Flug quer über den Pazifischen Ozean anlangen.

→ gewöhnliche Flugrouten
→ Querrouten

19

Ringelgans

Goldregenpfeifer

Innerafrikanische Reisen

Afrika ist eine Zugvogelwelt für sich. Ungefähr 500 Vogelarten wandern im Inneren dieses Erdteils. Je nach den jahreszeitlichen Veränderungen des Klimas und ihren Bedürfnissen ziehen sie von Süden nach Norden oder von Osten nach Westen. Ähnliches spielt sich auch auf anderen Kontinenten ab: Vogelwanderungen zwischen tropischen Gegenden sind etwas ganz Gewöhnliches.

Besucher aus dem hohen Norden

Die Vögel, die den Sommer im hohen Norden verbringen, wo sie ihre Jungen aufziehen, haben eine große Auswahl von Orten, wo sie den Winter verbringen können. Unter den Gänsen hat die **Ringelgans** die am weitesten nördlich gelegenen Nistplätze: die arktischen Inseln Kanadas und Sibiriens. Einige von ihnen überwintern in Mexiko, andere wiederum an der französischen Atlantikküste.
Wenn es in der Arktis ungemütlich kalt wird, schlagen die **Goldregenpfeifer** die ungewöhnlichsten Wege ein: Die aus Alaska legen einen unglaublichen Orientierungssinn an den Tag, wenn sie tollkühn zu den in den Weiten des Pazifik verstreuten Hawaiiinseln aufbrechen. Die Goldregenpfeifer Sibiriens haben dagegen ihre Winterquartiere im Horn von Afrika und Südostasien.

Von den Höhen hinab

Die Gebirgsvögel haben den kürzesten Weg. Sie ziehen nicht von einem Kontinent in den anderen, sondern von den Bergen ins Tal. Wenn der Schnee kommt, fliehen die Höhenbewohner ins Flachland. So zieht die **Andengans**, die ihre Gelege an den Ufern der Andenseen in 3 000 Metern Höhe brütet, hinab, um in der Ebene zu grasen. Der **Schneefink**, der **Zitronenzeisig** und die **Alpenbraunelle** der Pyrenäen und Alpen machen es genauso. Einige von ihnen finden auch an den Skistationen genug zu picken.

Andengans

Schneefink

Zitronenzeisig

Alpenbraunelle

Hmm … wo geht's lang?

Zur Orientierung benutzen Zugvögel eine Reihe unterschiedlicher Kompasse:
Der Erdmagnetismus, die Sonne, die Sterne und sogar ein GPS weisen ihnen den Weg.

Nie orientierungslos

Zugvögel brauchen zur Orientierung keine Karten. Die Richtung, die sie einschlagen müssen, ist in ihren Genen programmiert. Dies wurde mit einer Reihe von Experimenten herausgefunden. Ein solches Experiment wurde z. B. mit Staren angestellt. Die Forscher haben 11 000 davon zu Beginn der Herbstwanderung in den Niederlanden eingefangen: ältere Vögel, aber auch Jungvögel, die ihren ersten Vogelzug absolvieren wollten. Alle wurden in die Schweiz gebracht und dort freigelassen.

Und was haben sie gemacht? Normalerweise verbringen sie den Winter in Südengland. Damit sie von den Niederlanden dorthin gelangen, zeigt ihr innerer Kompass nach Südwest. Und dieser Richtung sind die Jungvögel gefolgt. Mit dem Ergebnis, dass sie von der Schweiz nach Spanien flogen und dort den Winter verbrachten. Und die erwachsenen Vögel? Die hatten ja schon die Reise nach England gemacht. Sie kannten genau ihr Reiseziel und änderten ihre Flugroute so, dass sie wie gewöhnlich in England landeten.

Im folgenden Frühjahr kehrten auch die Jungvögel zum Nisten in die Gegend zurück, die sie schon kannten: die Niederlande. Dieses wissenschaftliche Abenteuer zeigt uns, dass die Vögel einerseits automatisch ihr Ziel finden, dass sie andererseits aber auch im Lichte ihrer Erfahrung ihre Flugrouten ändern können. Wie sie das genau machen? Das bleibt ein großes Geheimnis …

Astronomen

Vögel können sich aber auch an der Sonne orientieren. Natürlich funktioniert das nicht in der Nacht. Aber daran scheitert es nicht. Sie nutzen dann eben die Sterne als Orientierungspunkte. Auch nach dem Polarstern und den ihn umgebenden Sternen können sie navigieren. Das konnten Ornithologen bei den prächtigen blauen Indigofinken, die zwischen Nord- und Südamerika pendeln, nachweisen. Sie hatten sie in ein Planetarium gesteckt, und wenn das Bild des Himmels auf die Kuppel geworfen wurde, orientierten sich die Finken zunächst nach Süden. Als die Forscher den Polarstern ausschalteten, funktionierte das noch immer. Aber als sie auch noch einige Sterne aus dessen Umgebung löschten, wussten die Vögel nicht mehr, wohin sie fliegen sollten.

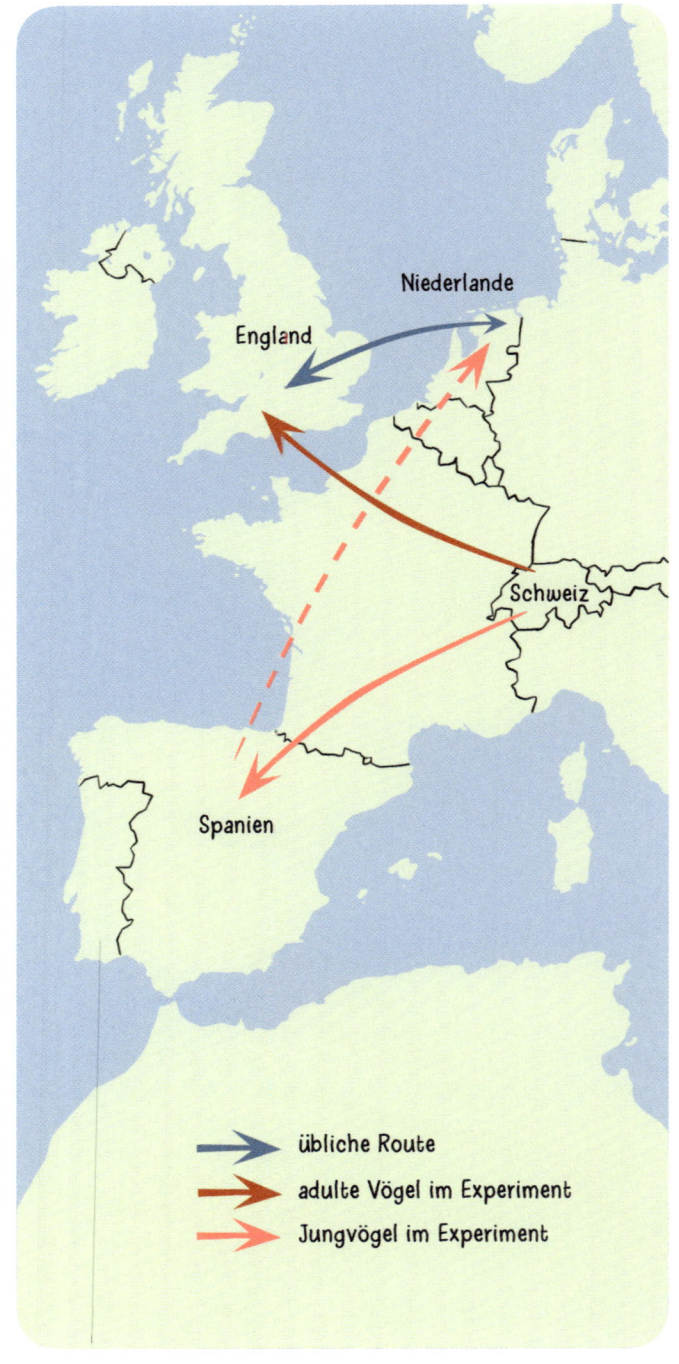

→	übliche Route
→	adulte Vögel im Experiment
→	Jungvögel im Experiment

Stare

Kompass im Auge

Und wenn es bewölkt ist? Dann können die Vögel weder die Sonne noch die Sterne sehen. Dennoch fliegen sie weiter. Wie geht das? Sie nutzen dasselbe Prinzip wie wir mit unserem Kompass. Weil ein Magnetfeld die Erde umgibt, zeigt die Kompassnadel nach Norden. Die Vögel haben ein ähnliches System, und die Wissenschaft hat herausgefunden, dass es sich im rechten Auge befindet. Denn wenn ihnen dieses Auge verbunden wird, können sie ihren Weg nicht mehr finden.

Integriertes GPS

Außer diesen Fähigkeiten besitzen Vögel anscheinend eine Art inneres „Navi".

Wie das Navi in Autos berechnet es die zurückzulegende Entfernung, die benötigte Zeit und die Stellen für einen Richtungswechsel. So wird zum Beispiel das innere GPS einer **Gartengrasmücke** aus Deutschland, die den Winter südlich der Sahara verbringen soll, sagen: „Fliege fünf Wochen Richtung Südwest, dann vier Wochen direkt nach Süden. Stop! Du bist am Ziel."

Jeder Vogel erbt des GPS-Programm seiner Art. Ein Update ist nicht nötig, es wird sein ganzes Leben lang funktionieren.

Mist, verirrt!

Obwohl sie Meister der Orientierung sind, passiert es doch, dass Vögel sich verfliegen. Manchmal ist das gut geölte System blockiert. So kommt es vor, dass ein Vogel, statt wieder an seinem Geburtsort zu landen, weit entfernt davon landet. Im Laufe der Evolution haben solche Programmänderungen dazu gedient, dass Arten ihr Siedlungsgebiet ausdehnen konnten.

Wenn Vögel sich verirren, liegt das oft auch am Wetter. So wird zuweilen ein **Kappen-Waldsänger**, ein kleiner amerikanischer Sperlingsvogel, bis nach Frankreich geweht. Infolge eines starken Winds hat er, ohne es zu wollen, den Atlantik überquert! Jedes Jahr landen solche Sperlingsvögel, Möwen und zuweilen auch Greifvögel als Touristen bei uns in Europa, sehr zur Freude der Ornithologen, die herbeigeeilt kommen, um diese exotischen Vögel durch ihre Ferngläser zu beobachten.

Kappen-Waldsänger

Das Marathon der Lüfte

Pausen machen (oder keine), nachtanken (oder nicht) und sich vom Wind tragen lassen (oder nicht) – das sind die Tricks, dank derer die geflügelten Sportler sicher zum Ziel kommen.

Wiesenpieper

Dohle

Buchfink

Im Wind

Einer spielt eine Hauptrolle beim Vogelzug: der Wind. Er kann der beste Freund, er kann aber auch der ärgste Feind der Vögel sein. Sie müssen lernen, ihn zu nutzen, um schneller voranzukommen und nicht so leicht zu ermüden. Ohne von ihm geschoben zu werden, würde die **Pfuhlschnepfe** niemals den Pazifik überqueren können, so wie sie es tut. Um die Sahara überqueren zu können, ist es für viele Vögel überlebenswichtig, den Wind im Rücken zu haben. Also warten sie auf günstigen Wind, bevor sie losfliegen. Denn Gegenwind mitten in der Wüste würde für einen kleinen Zugvogel das Todesurteil bedeuten. Außer für **Schwalben** und **Mauersegler**, die in jedem Fall weiterfliegen, selbst wenn ihnen der Wind ins Gesicht bläst. Auch die **Dohle**, der **Buchfink** und der **Wiesenpieper** fürchten sich nicht, wenn der Gegenwind ihnen die Federn zerzaust. Aber die meisten Vögel warten lieber, bis der Wind beschließt sie von hinten zu schieben.

Je nach Jahreszeit wechseln die Winde ihre Richtung, und die Vögel stellen sich darauf ein. Das heißt, sie wählen nicht immer dieselbe Route für den Hin- und den Rückflug. Sie fliegen also oftmals regelrechte Schleifen.

Es gibt aber noch mehr über den Wind und die Vögel zu berichten: **Raubvögel** und **Störche** können nicht den ganzen Flug über mit den Flügeln schlagen, selbst dann nicht, wenn sie Rückenwind haben. Sie sind Segler, die sich wie von unsichtbaren Aufzügen durch aufsteigende Luft emportragen lassen. Diese Aufzüge für Vögel tragen den komplizierten Namen „thermische Aufwinde", aber es ist leicht zu verstehen, wie sie funktionieren: Die Sonne erwärmt den Boden nicht überall gleichmäßig. Dort, wo der Boden stark erwärmt ist, steigt die Luft schneller nach oben als über kühlen Flächen. So entstehen unsichtbare Luftsäulen, auf denen die Vögel mühelos nach oben schweben. Die Greifvögel und Störche lassen sich also in die Höhe tragen und fliegen dann im Gleitflug allmählich nach unten, bis sie zu der nächsten Luftsäule gelangen, die sie wieder hochhievt. So legen sie Tausende Kilometer zurück ohne allzu sehr zu ermüden.

Dummerweise funktioniert dieses Aufzugssystem nicht über dem Meer. Um das Mittelmeer Richtung Afrika zu überqueren, wählen die Gleitflugspezialisten deshalb eine Route über die Meerenge von Gibraltar zwischen Spanien und Marokko oder über den Bosporus in der Türkei. An diesen Stellen müssen sie dann mit den Flügeln schlagen, um über das Wasser zu gelangen. Daher sind Meerengen besonders geeignet, die Tausende von **Greifvögeln** oder auch **Sperlingsvögeln** zu beobachten, die hier jeden Herbst und jedes Frühjahr auftauchen.

Rauchschwalbe

Mauersegler

Singschwan

Wiesenpieper

Streifengans

Weißstorch

Fresspausen

Fliegen ist anstrengend! Die Vögel müssen Pausen ein-
legen, um wieder zu Kräften zu kommen. Sie kennen die
Orte auf ihrem Weg, die am besten dafür geeignet sind,
dass sie sich ausruhen und ernähren können.

Manche Vögel, wie etwa die **Störche**, fressen sich keine Reserven an; sie müssen täglich Halt machen und sich etwas
zu fressen suchen. Die **Greifvögel** wiederum achten darauf,
dass sie genug gefressen haben, um mehrere Tage hinter-
einander fliegen zu können. Die kleinen **Sperlingsvögel**, die
zehn bis zwölf Stunden am Stück fliegen, müssen mehrere
Tage Halt machen, um ihre Fettreserven aufzufüllen, bevor
sie wieder aufbrechen. Große Vögel wie **Gänse** und **Schwäne** legen erheblich längere Etappen zurück, müssen aber
ebenfalls mehrere Tage oder sogar Wochen pausieren, um
den Akku wieder aufzuladen. Je weiter die zurückzulegende Reise ist, desto kürzer sind die Pausen, denn die Vögel
haben keine Zeit zu verlieren. Manchmal, wenn das Wetter
schön ist und der Wind in die richtige Richtung weht, warten sie nicht einmal ab, bis sie wieder ganz in Form sind, und
fliegen einfach los.

Dieser Wettlauf gegen die Uhr spielt im Frühjahr noch eine
größere Rolle. Denn wer zuerst ankommt, findet die besten Nistplätze.

Non-stop

Einige Vögel legen übrigens überhaupt keine Pause ein.
Dazu gehören die **Schwalben** und **Mauersegler**, die im Flug
ihre Insekten knabbern. Die Schwalben lassen sich allerdings zum Schlafen nieder und gehen am frühen Morgen
erst einmal auf die Jagd, bevor sie weiterfliegen. Die Mauersegler wiederum lassen sich nie auf den Boden nieder; sie
schlafen sogar im Flug!

Ein Katastrophenszenario

Alles ist in Ordnung. Der Himmel ist fast wolkenlos, und die Zugvögel überqueren ruhig die Nordsee. Angenehme Reisebedingungen also. Aber nicht mehr lange ...

3. September 1965 in Suffolk, in Südost-England. Die ganze Nacht über hat es geschüttet, und immer noch platzen dicke Tropfen auf den Bürgersteigen und dem Strand. Gegen Mittag blicken die Einwohner der Stadt Lowestoft völlig verblüfft zum Himmel. Sind die Engländer etwa verwundert, den Regen fallen zu sehen? Wohl kaum, den sind sie nur allzu gewöhnt.

Ihnen bleibt vor Staunen der Mund offen, weil sie eine Wolke erblickt haben, die sich von einer gewöhnlichen Wolke deutlich unterscheidet. Es handelt sich um eine Wolke von Vögeln: Es regnet Tausende von kleinen Sperlingsvögeln! Ein Regen von Gartenrotschwänzen, Steinschmätzern, Trauerschnäppern und zahlreichen anderen Vögeln geht überall in der Stadt nieder. Mitten auf der Straße, in den Gärten, auf den Mäuerchen und Fernsehantennen, auf dem Strand. Viele werden von den Autos getötet, die ihnen nicht ausweichen können. Innerhalb weniger Augenblicke ist die ganze Stadt mit Vögeln bedeckt, die in alle Richtungen hüpfen. Bei zwei Menschen setzen sich Rotschwänze sogar auf die Schultern. Menschen? Für die Vögel eher ein Notbehelf für einen Ast, auf dem sie sich niederlassen können. Dasselbe Bild zeigt sich entlang der Küste. Insgesamt sind an die-

sem Tag eine halbe Million Vögel vom Himmel gefallen. Ein vergleichbares Ereignis dieser Größenordnung ist noch nie beobachtet worden. Aber was war der Grund für diese massenhafte Notlandung, die aussah, als ginge die Welt unter? Begeben wir uns nach Norden, nach Skandinavien am Vortag! Der Sommer ist vorüber, und die Vögel bereiten sich auf den Abflug vor; sie haben nur noch auf gutes Wetter gewartet. Und an diesem Tag ist es ideal um aufzubrechen. Es ist ruhig, der Himmel ist klar.

Tausende von Vögeln beschließen deshalb, jetzt loszufliegen und machen sich, den Nordwind im Rücken, auf den Weg nach England. Ohne Probleme fliegen sie die ganze Nacht hindurch. Als sie jedoch an der Südostküste Englands ankommen, werden sie von einem riesigen Tiefdrucksystem

überrascht. Schwarze Wolken, heftiger Wind und sintflut-
artiger Regen. Die kleinen Vögel sehen sich also mit einem
bedrohlichen und unüberwindlichen Hindernis konfrontiert.
Es ist unmöglich, den Flug fortzusetzen. Sie müssen eine
schnelle und radikale Entscheidung treffen. Sie haben nur
eine Chance: so schnell wie möglich zu landen und am Boden Schutz zu suchen. Achtundsiebzig Vogelarten werden
in dieser Situation beobachtet – nicht nur Sperlingsvögel,
sondern auch Enten, Greif- und Stelzvögel.

Am Abend des 3. September suchen noch immer viele Vögel einen Unterschlupf, wo sie die Nacht verbringen können.
Einige versuchen sogar, sich in Gebäude zu flüchten. Viele
der völlig erschöpften und in Panik geratenen Vögel über-
leben nicht. Die Strände sind mit ihren Kadavern bedeckt.

Die kleinen Körper sind noch schön fett – das bedeutet, dass
sie genügend Reserven hatten, um ihre Reise durchzustehen.
Aber die Launen des Wetters haben anders entschieden.

Die Überlebenden, auch wenn sie sehr erschöpft sind, denken nicht daran, länger am Ort zu bleiben. Schon in der
Nacht vom 4. auf den 5. September sind einige weiter-
geflogen. In den folgenden Tagen nimmt der größte Teil der
Vögel ihren Zug wieder auf. Nur einige Nachzügler werden
noch bis zu drei Wochen lang in den Dörfern und Dünen von
Suffolk gesichtet.

Die britischen Ornithologen haben dieses außerordent-
liche Ereignis *Magic carpet*, also „Zauberteppich" genannt.
Sie waren ganz begeistert, einen solchen Teppich aus Vögeln
zu ihren Füßen vorzufinden und haben die Gelegenheit genutzt, um sie zu beringen. Dank des Eifers dieser Ornithologen konnte das Schicksal einiger der Davongekommenen
verfolgt werden. Als diese nämlich von anderen Ornithologen eingefangen wurden, wusste man, dass es sich um
Magic-carpet-Überlebende handelte. Ein solcher Vogel wurde in der Bretagne, ein anderer weiter südlich in Südwest-
frankreich gefunden. Andere waren nach Spanien und Portugal gelangt, was beweist, dass sie ihre Reise wie gewöhnlich
fortgesetzt haben. Einer dieser Vögel ist sogar im folgenden
Sommer in Norwegen eingefangen worden. Dieser jedenfalls
hatte den ganzen Hin- und Rückweg geschafft.

Rekordzugvögel

„Unmöglich" gibt es für Zugvögel nicht. Abflug mit den Rekordhaltern unter ihnen!

Küstenseeschwalbe

Winter? Kenn' ich nicht!

Die **Küstenseeschwalbe** lebt in einem immerwährenden Sommer. Wie das möglich ist? Sie zieht während des arktischen Sommers ihre Jungen nahe am Nordpol auf, und wenn es kälter wird, fliegt sie zum Südpol, wo gerade der antarktische Sommer beginnt. In einem Jahr fliegt sie also einmal rund um den Globus, das sind 40 000 Kilometer. Während der Polarsommer ist es praktisch ununterbrochen Tag. Unter allen Tieren, die auf der Erde leben, ist die Küstenseeschwalbe dasjenige, das in seinem Leben am seltensten eine Nacht erlebt.

Pfuhlschnepfe

Non-stop

Es gibt einen Vogel, der Jahr für Jahr etwas Unglaubliches vollbringt, nämlich den größten Ozean der Welt zu überqueren, ohne den Flug dabei ein einziges Mal zu unterbrechen. Es handelt sich um die **Pfuhlschnepfe**, einen regenpfeiferartigen Vogel, der den Sommer in Alaska verbringt. Wenn der Winter näherkommt, fliegt die Pfuhlschnepfe quer über den Pazifischen Ozean nach Neuseeland. Dabei legt sie in einer Woche 11 000 Kilometer zurück. Mit etwas Glück hat sie Rückenwind, und sie braucht nur die Hälfte der Zeit. Damit sie so lange nichts zu fressen braucht, ernährt sich die Pfuhlschnepfe vor dem Abflug gut und reichlich. Ein weiterer Trick: Sie reduziert die Größe ihrer Leber, ihrer Nieren und ihres Magens, um weniger Ballast mitzuschleppen. Sobald sie am Ziel ankommt, nehmen ihre Organe wieder die normale Größe an.

Rubinkehlkolibri

Superklein und superkräftig

Kann ein winziger Vogel, der kaum 4 Gramm wiegt, eine große Wasserfläche überfliegen? Jawohl, denn der **Rubinkehlkolibri** schafft dies jedes Jahr. Dieses Vögelchen, das sich vom Nektar der Blüten ernährt, nistet im Osten der Vereinigten Staaten und im Südosten Kanadas. Jeden Herbst zieht er nach Mexiko und Zentralamerika, wo er den Winter verbringt.

Auch wenn der größere Teil dieser Kolibris der Küste folgt, überqueren einige den Golf von Mexiko. Ein Flug von etwa 1000 Kilometern, den sie ohne Pause in zwanzig Stunden absolvieren. Dabei fliegen sie nur wenige Meter über dem Wasser.

Kurzschwanz-Sturmtaucher

Ohne Unterstützung

Die **Kurzschwanz-Sturmtaucher** sind vor allem nachts aktive Seevögel in Australien und Tasmanien, die ihre Eier am Rand des Ozeans in Erdhöhlen ablegen. Wenn die Jungvögel noch flaumbedeckt und flugunfähig sind, ziehen die Eltern bereits davon. Die Jungen müssen ganz allein ihre Flugroute finden. Zwei oder drei Wochen später haben sie bereits ein brandneues Federkleid und machen sich entlang den asiatischen Küsten auf zur Beringstraße in der Arktis. Sie brauchen weder Papa noch Mama, sie kennen ihren Weg. Sie verbringen nun ihr erstes Jahr im Norden. Im folgenden Jahr fliegen sie wieder zurück nach Australien. Diesmal aber denken sie gar nicht mehr daran, dem Küstenverlauf zu folgen – sie fliegen direkt über den Pazifischen Ozean!

Keine Angst!

Ob ein Vogel nur ein paar Gramm oder fünf Kilo wiegt, macht keinen Unterschied.
Von einem Kontinent auf einen anderen zu fliegen, ist sehr mühsam und gefährlich.
Aber die Vögel lassen sich nicht entmutigen.

Anstrengende Berge

Ein Berg – was für ein Hindernis für einen **Fink**, der gewöhnlich in einem Garten lebt! Die Barriere der Pyrenäen, der Alpen oder des Himalaya zu überwinden, kostet sehr viel Energie. Also, was machen unsere Zugvögel?
Die meisten umgehen die Gebirge. Dadurch wird die Reise länger, aber weniger ermüdend. Einige **Sperlingsvögel** fliegen durch die Gebirgstäler, die sind nicht so hoch. Aber irgendwann müssen sie über einen Pass, und das ist ziemlich anstrengend. Die **Schwarzmilane** zerbrechen sich darüber allerdings nicht den Kopf: Sie fliegen direkt zum Hauptkamm der Pyrenäen.
Die Gänse und Kraniche aus Norwegen und Finnland haben große Reserven und viel Kraft. Dadurch können sie in der großen Höhe von über 5 000 Metern über die Berge hinwegfliegen. Die **Streifengänse** schaffen es sogar, in 10 000 Metern Höhe den Himalaya zu überfliegen.

Gefährliche Ozeane

Neben den Bergen wartet noch eine andere Gefahr auf die Zugvögel. Die europäischen Vögel, die den Winter in Afrika verbringen möchten, müssen das Mittelmeer überqueren. Die Möwen können sich einfach auf dem Wasser niederlassen, um sich dabei auszuruhen. Für **Greifvögel**, **Störche** oder **Schwalben** ist das jedoch unmöglich; sie würden ertrinken. Sie müssen also ohne Zwischenstopp hinüber. Glücklicherweise ist die Passage über die Meerenge von Gibraltar zwischen Spanien und Nordafrika sehr kurz. Aber andere Vögel fliegen mitten über das Meer. Der amerikanische **Kappen-Waldsänger** fliegt über dem Atlantischen Ozean von Kanada bis Venezuela. 4 000 Kilometer ohne Pause!

Brennendheiße Wüste

Unsere Vögel sind jetzt also in Afrika angekommen. Aber sie haben keine Zeit, um durchzuatmen. Viele müssen nämlich in die tropischen Zonen des Kontinents weiterziehen, weil sie nur dort genügend Nahrung finden. Und dafür müssen sie die Sahara überqueren, die größte Wüste der Erde.
Die **Schwalben** stellen sich dieser Herausforderung und nehmen damit ein erhebliches Risiko auf sich. Sie fliegen tagsüber, ganz nahe am Boden, auch wenn Gegenwind ihren Flug verlangsamt. Über eine Strecke von 2 000 Kilometern halten sie Temperaturen von 50° in der Sonne aus, ohne zu fressen oder zu trinken. Das ist noch anstrengender, als über das Meer zu fliegen ... Außerdem sind sie in Gefahr, von einem Sandsturm mitgerissen zu werden.
Die meisten anderen Vögel sind vorsichtiger. Sie überfliegen die Sahara hoch über den Sanddünen, und nur in der Kühle der Nacht. Viele legen auch Pausen ein, im Schatten eines Felsens oder, wenn sie Glück haben, in einer Oase.

Und als ob das nicht schon genug wäre ...

Die Natur geht nicht gerade zart mit den Zugvögeln um. Und die Menschen genauso wenig! Sie errichten Leuchttürme, Hochspannungsleitungen, Windräder und Hochhäuser, gegen die die Vögel stoßen. Erleuchtete Gebäude ziehen sie an und verwirren ihren Orientierungssinn. So kommt es, dass manchmal **Wildgänse** zu Füßen der New Yorker Wolkenkratzer gefunden werden. Für sie ist die Reise dort zuende.
Außerdem werden Jahr für Jahr Millionen von Vögeln überall in der Welt von Jägern abgeschossen. Aber trotz all dieser Widrigkeiten hält nichts die Zugvögel auf. Es ist der Wind des Lebens, der sie vorantreibt.

Tagsüber oder in der Nacht?

Während des Zugs ändern viele Vögel alle ihre Gewohnheiten.
Manche Tagvögel werden zu Nachtvögeln und umgekehrt.

Verkehrte Welt

In manchen Herbstnächten ziehen, während wir friedlich schlafen, Tausende von Zugvögeln über unsere Städte und Dörfer hinweg. Forscher haben einmal folgendes Experiment mit einer **Gartengrasmücke** gemacht: Sie beobachteten den in einem Käfig gehaltenen Vogel während der Vogelzugperiode. Gewöhnlich sind diese Vögel tagsüber munter und schlafen in der Nacht. Sie sind tagaktiv wird das genannt. Zu Beginn der Reisezeit wurden die Vögel aber zu regelrechten Nachtwandlern. Die ganze Nacht über versuchten sie nach Süden zu fliegen und flatterten aufgeregt. Die Lebensweise der meisten kleinen Sperlingsvögel ändert sich komplett, wenn sie auf Reisen sind: Sie fliegen nachts. Eine Stunde nach Sonnenuntergang fliegen sie unentdeckt im Dunkeln los und fliegen bis zum Morgen. Dann lassen sie sich auf den Zweigen der Bäume nieder, um auszuruhen. Auch die **Feldlerchen**, die **Drosseln** und die **Steinschmätzer** fliegen die ganze Nacht hindurch und noch den ganzen Vormittag, bevor sie eine wohlverdiente Pause machen. Die Wasservögel starten ihren Flug bereits eine Stunde vor Sonnenuntergang.

Warum fliegen Zugvögel nachts?

Vor allem haben sie so mehr Zeit, um am Tag Nahrung zu suchen. Denn dafür müssen sie sehen können. Wenn sie tagsüber flögen, müssten sie nachts fressen, aber sie würden keine Insekten finden, die sie verspeisen können. Wenn sie nachts fliegen, verbrauchen die Zugvögel auch weniger Energie, denn es gibt weniger Turbulenzen in der Luft, und der Rückenwind ist kräftiger. Schließlich ist die Nachtluft recht kühl. Da die Vögel beim Fliegen viel Energie verbrauchen, steigt ihre Körpertemperatur ganz erheblich. Es ist daher günstiger, im Mondschein zu fliegen als bei Sonnenschein. Und wenn die Vögel, die sonst tagsüber unterwegs sind, beim Vogelzug in der Nacht fliegen, ist es dann womöglich umgekehrt bei den nachtaktiven Vögeln? Ja, tatsächlich gibt es das. Nachtaktive Vögel wie etwa die **Sturmtaucher** und die **Sturmschwalben** ziehen am Tage.

Feldlerche

Ziegenmelker

Singdrossel

Sturmschwalbe

Kurzschwanz-Sturmtaucher

Stieglitz

Sturmschwalbe

Kurzschwanz-Sturmtaucher

Buchfink

Dompfaff

Gewohnheiten ändern? Niemals!

Nicht alle Vögel haben Lust, ihre Gewohnheiten zu ändern. Zum Beispiel der **Ziegenmelker**. Dieser geimnisvolle Nachtfalterjäger bleibt nachtaktiv, auch während des Zugs. Körnerfresser wie der **Stieglitz**, der **Bergfink** und der **Dompfaff** wiederum sind tagaktiv und bleiben es auch während des Vogelzugs. Sie legen dabei nur kurze Etappen zurück: Sie fliegen am Vormittag und fressen am Nachmittag. Die **Schwalben** dagegen legen lange Strecken zurück, ebenfalls am Tag. Wie sie sich ernähren? Anscheinend fangen sie während der ganzen Reise beim Fliegen Insekten. Sie wollen keine Zeit verlieren.

Auch die Seevögel bleiben tagaktiv. Während der Nacht schaukeln sie friedlich auf dem Wasser.

Segler wie die **Greifvögel** und **Störche** haben überhaupt keine andere Wahl als tagsüber zu reisen. Denn nur dann gibt es die warmen Luftströmungen, die sie in die Höhe heben. Wir können auch beobachten, wie sie am Tage über das Meer fliegen. Allerdings gibt es über dem Meer keine Steigwinde. Für **Falken** und **Bussarde** bedeutet es daher eine große Anstrengung, mit Flügelschlagen über das Mittelmeer zu kommen.

Mandschurenkranich

Fliegen zu jeder Tageszeit

Wozu sich um die Uhrzeit kümmern? **Gänse**, **Kraniche** und **Enten** sind zu jeder Tages- und Nachtzeit unterwegs.

Beim Fliegen schlafen?

Wenn die Vögel nachts fliegen und tagsüber fressen, wann schlafen sie dann eigentlich? Fast nie! Während des Zugs schlafen Zugvögel dreimal weniger als normalerweise. Wissenschaftler halten es für möglich, dass die Vögel im Flug ein Nickerchen machen können. Es soll dann allerdings nur eine Gehirnhälfte schlafen, während die andere weiterhin steuert, wie es bei Delfinen und Walen der Fall ist. Aber sicher ist das nicht, dieses Geheimnis ist noch ungeklärt.

Pfeifente

Zugvögel-Banden

Guckt nach oben! Wie schön es aussieht, wenn Kiebitze oder Waldtauben fliegen! Aber wenn sie in Gruppen fliegen, tun sie das nicht nur für den schönen Anblick, sondern weil sie gemeinsam stark sind.

Baumfalke

Wespenbussard

Rohrweihe

Rotfußfalke

Zusammenbleiben!

Greifvögel werden in der Vogelzugsaison gesellig. Im übrigen Jahr werden **Falken** und **Bussarde** nur selten in Gruppen beobachtet. Jeder geht seinen eigenen Geschäften nach. Aber während des Vogelzugs sehen wir sie häufig beisammen. Das liegt allerdings weniger daran, dass sie Geschmack am Gemeinschaftsleben gefunden haben; vielmehr sind sie auf denselben Routen unterwegs und sammeln sich in denselben Aufwinden. So ähnlich wie wir, wenn wir bei der Fahrt in den Urlaub viele Artgenossen treffen. Manche **Enten** reisen als verliebte Pärchen. Sie finden während des Winters eine verwandte Seele und fliegen im Frühjahr gemeinsam los. Richtung Nest. Das Weibchen gibt dabei die Richtung vor, denn sie ist es, die auswählt, wo sie ihre Eier ablegt.

Gänse, **Kraniche** und **Schwäne** brechen mit der ganzen Familie auf. Die Jungen lernen so von den Älteren die Flugroute, sowohl beim Hin- als auch beim Rückflug.

Stockente

Zwerggans

Weißwangengans

Das Abenteuer der Zwerggänse

Die Tatsache, dass diese Vögel lernen können, wie sie fliegen müssen, haben Ornithologen dazu genutzt, um **Zwerggänsen** eine neue Zugroute beizubringen. Üblicherweise ziehen diese Gänse ihre Jungen in Skandinavien auf und brechen im Herbst nach Osteuropa auf, in Länder wie die Ukraine oder Ungarn. In den 1980er Jahren waren sie in Gefahr auszusterben, weil sie gejagt wurden und kaum noch geeignete Überwinterungsorte fanden. Die Ornithologen gaben deshalb Eier von Zwerggänsen in die Obhut von Paaren wildlebender **Weißwangengänse** in Schweden.

Die Weißwangengänse brüteten sie aus und zogen die Küken wie ihre eigenen auf. Zusammen brachen sie dann auf, um den Winter in den Niederlanden zu verbringen. Im folgenden Frühjahr kehrten sie gemeinsam nach Schweden zurück. Nachdem sie so eine neue Reiseroute gelernt hatten, gaben die Zwerggänse dieses Wissen Jahr für Jahr an ihren Nachwuchs weiter. Heute, dreißig Jahre später, ziehen sie noch immer in die Niederlande, mit oder ohne die Familie, die sie einmal adoptiert hatte.

Einer für alle

Im Verband zu ziehen, hat eine Reihe von Vorteilen. Vor allem ist es leichter, sich gegen Räuber zu verteidigen. Wenn ein **Sperber** mit einem Starenschwarm konfrontiert ist, der sich in alle Richtungen dreht und windet, ist es für ihn sehr schwierig, einen einzelnen Vogel im Auge zu behalten und anzugreifen.

In der Gruppe werden Gefahren auch besser erkannt. Wenn ein Schwarmgenosse einen Räuber ausmacht, kann er schreien, um alle anderen zu warnen. Sich zu anderen zu gesellen, bedeutet auch, von der Erfahrung der anderen zu profitieren. Eine junge **Lerche**, die zum ersten Mal den Vogelzug mitmacht, lernt so, wo sie Nahrung finden und sich ausruhen kann. Und sie kann sich nicht verirren.

Alle für einen

Ein großer Vorteil des Fliegens in der Gruppe besteht darin, dass Energie gespart wird. Es ist kein Zufall, dass **Gänse** und **Kraniche** in V-Formation fliegen. Der Vogel, der vorn fliegt, muss sich anstrengen, um gegen den Wind anzukämpfen, die folgenden aber fliegen im Windschatten und ermüden viel weniger schnell. Das System ist gerecht, denn wenn der Kranich (oder die Gans) an der Spitze müde geworden ist, lässt er sich zurückfallen und überlässt seinen Platz einem anderen. Jetzt kann er sich ein wenig ausruhen. **Enten**, **Kormorane** und **Silbermöwen** fliegen auf dieselbe Art, allerdings nicht immer in V-Formation. Manche Schwärme haben die Form eines Bogens, andere Vögel fliegen in einer einzigen Linie, die als Diagonale den Himmel durchschneidet.

Einsamer
Wasserläufer

Ganz allein

Und wie stellen es die Vögel an, die ganz alleine reisen, wie der **Einsame Wasserläufer** – der seinen Namen nicht zu Unrecht trägt – oder der **Kuckuck**? Sie haben doch niemanden, der ihnen den Weg weist! Keine Angst – ihr inneres GPS führt sie in die richtige Richtung.

Das Ende der Reise?

Tausende Vögel haben ihr gefährliches Abenteuer nicht überlebt. Glücklicherweise erreichen aber Millionen ihr Ziel und lassen es sich in den Tropen gut gehen.

Es leben die Tropen!

Endlich angekommen! Erschöpft, aber lebendig lassen sich die Vögel nieder. Ein paar Monate hindurch haben sie Teil am Überfluss Äquatorialafrikas, des Mittelmeerraums, Südamerikas oder des tropischen Asien. Insekten, Früchte, Kleinsäuger, Fische – die Speisekammer ist gut gefüllt. Schnell kommen sie wieder zu Kräften und genießen ihren Winterurlaub. Warum also sollen sie eigentlich im Frühjahr erneut aufbrechen? Warum können sie nicht in diesem Paradies bleiben, wo es immer warm ist und immer reichlich zu fressen gibt? Vor allem aus Platzmangel. Die hier ansässigen Stand- oder Jahresvögel sind damit einverstanden, während des Winters ihr Territorium mit den Gästen aus dem Norden zu teilen. Die Vögel ernähren nur sich selbst und schlafen, wo sie Lust haben. Im Frühjahr jedoch suchen alle Vogelpaare nach einem geeigneten Ort für den Nestbau. Gute Standorte sind jedoch rar und bereits von den Jahresvögeln belegt. Im Frühjahr, wenn jedes Paar zehn oder zwölf Jungvögel miternähren muss, müssen die Eltern außerdem vielmehr Insekten fangen können als im Winter für sich allein.

Der schöne Norden!

Die Besucher werden also gebeten, nach Hause zurückzukehren. Und Europa hat viel zu bieten! Am Äquator geht die Sonne das ganze Jahr über gegen 18 Uhr unter. Im Norden scheint sie im Sommer bis mindestens 22 Uhr. Und am Polarkreis ist ununterbrochen Tag, und die Mücken sind so zahlreich, dass sie ganze Wolken bilden. Wo könnte eine Familie besser ernährt werden? Ohne es also zu bedauern, schwingen sich die Zugvögel wieder in die Lüfte. Dieses Mal Richtung Norden.

Es ist ein Wettrennen!

Wer zuerst ankommt, kann die bestgelegenen Territorien okkupieren, wo sich die Nester gut verstecken lassen und die fettesten Raupen oder Spinnen gejagt werden können. Oft starten die Männchen zuerst, richten sich ein und warten auf die Weibchen. Diese bleiben so lange wie möglich im Urlaub und schlagen sich den Bauch voll, damit sie bei ihrer Ankunft gut in Form für die Eiablage sind. Manche Vögel wie die Gartengrasmücke bleiben Jahr für Jahr derselben Stelle für den Nestbau treu. Die Schwalben lieben ihre Nester sogar so sehr, dass sie jedes Frühjahr wieder einziehen.

Das Klima ändert die Reisegewohnheiten

Die Erde erwärmt sich, und dadurch kommt der Vogelzugkalender durcheinander.

Eilrückkehr

Wegen des Klimawandels beginnt der Frühling in Europa früher, während die Winter milder werden. Was daraus folgt? Die Knospen brechen früher auf und entsprechend früher beginnen auch die Raupen mit ihrem Fraß. Die Vögel müssen sich daher beeilen, zum Nestbau heimzukehren, damit ihre Jungen zur Welt kommen, wenn es am meisten Raupen zu fressen gibt. Der **Trauerschnäpper** bemüht sich sehr, sich darauf einzustellen: In Holland legt das Weibchen ihre Eier heute zehn Tage vor dem gewohnten Termin. Aber das reicht nicht, um den Zeitpunkt zu nutzen, an dem es die meisten Raupen gibt. Der Trauerschnäpper müsste noch schneller aus Westafrika zurückkommen, aber er schafft das nicht. Auf einmal gibt es immer weniger Trauerschnäpper; die Population ist in zwanzig Jahren um 90% zurückgegangen. Auch sorgt der Einsatz von Pestiziden dafür, dass viele Raupen verschwinden und viele Vögel ihre Jungen nicht mehr ernähren können.

Andere Vögel schaffen es, viel schneller aus den warmen Ländern heimzukehren und ihre Jungen mit den fettesten Insekten zu füttern. Der **Uferschwalbe** gelingt dies, indem sie das Datum ihrer Rückkehr um zehn Tage vorverlegt.

Ein Hoch auf die englischen Vogelhäuschen!

Die **Mönchsgrasmücken**, die in Mitteleuropa nisten, wenden einen besonderen Trick an. Früher verbrachten sie den Winter in den Mittelmeerländern und in Afrika. Heute begeben sich immer mehr von ihnen nach Südengland. Verrückte Idee? Überhaupt nicht! Die Briten lieben Vögel, und viele von ihnen sorgen den ganzen Winter über dafür, dass genügend Körner und Früchte in ihren Vogelhäuschen sind. Die Grasmücken nutzen diese Großzügigkeit, die ihnen eine weite und gefährliche Reise erspart. Der Ärmelkanal überquert sich leichter als das Mittelmeer.

Reiseverkürzung

Viele Vögel halten es ähnlich: Sie reisen nicht mehr so weit wie früher. Warum in die Ferne schweifen, wenn das gute Futter doch so nahe liegt. Zigtausende **Kraniche** aus Nord- und Osteuropa, die früher nach Spanien geflogen wären, bleiben heute in Westfrankreich. Auch immer mehr **Weißstörche** vermeiden es, die Sahara zu überqueren und bleiben in Frankreich, Portugal oder Marokko.

Wir bleiben zu Hause!

Da der Winter doch so milde geworden ist, warum nicht gleich ganz zu Hause bleiben? So halten es immer mehr Vögel: Der **Hausrotschwanz** bleibt in unseren Städten und Gärten, die **Grünfinken** verlassen Finnland gar nicht mehr, und die **Haubentaucher** planschen jetzt auch im Winter in den niederländischen Gewässern.

Wie wir die Geheimnisse der Zugvögel knacken

Woher kennen wir die Zugrouten der Vögel, woher wissen wir, in welcher Höhe
sie fliegen und wie lange sie Pause machen?

Die Augen zum Himmel gerichtet

Die erste und grundlegende Art der Vogelbeobachtung besteht einfach darin, die Augen zum Himmel zu richten. Mit Ferngläsern oder -rohren postieren sich die Ornithologen – professionelle oder Amateure – an Orten, die von vielen Vögeln überflogen werden, um die Arten zu bestimmen und zu zählen.

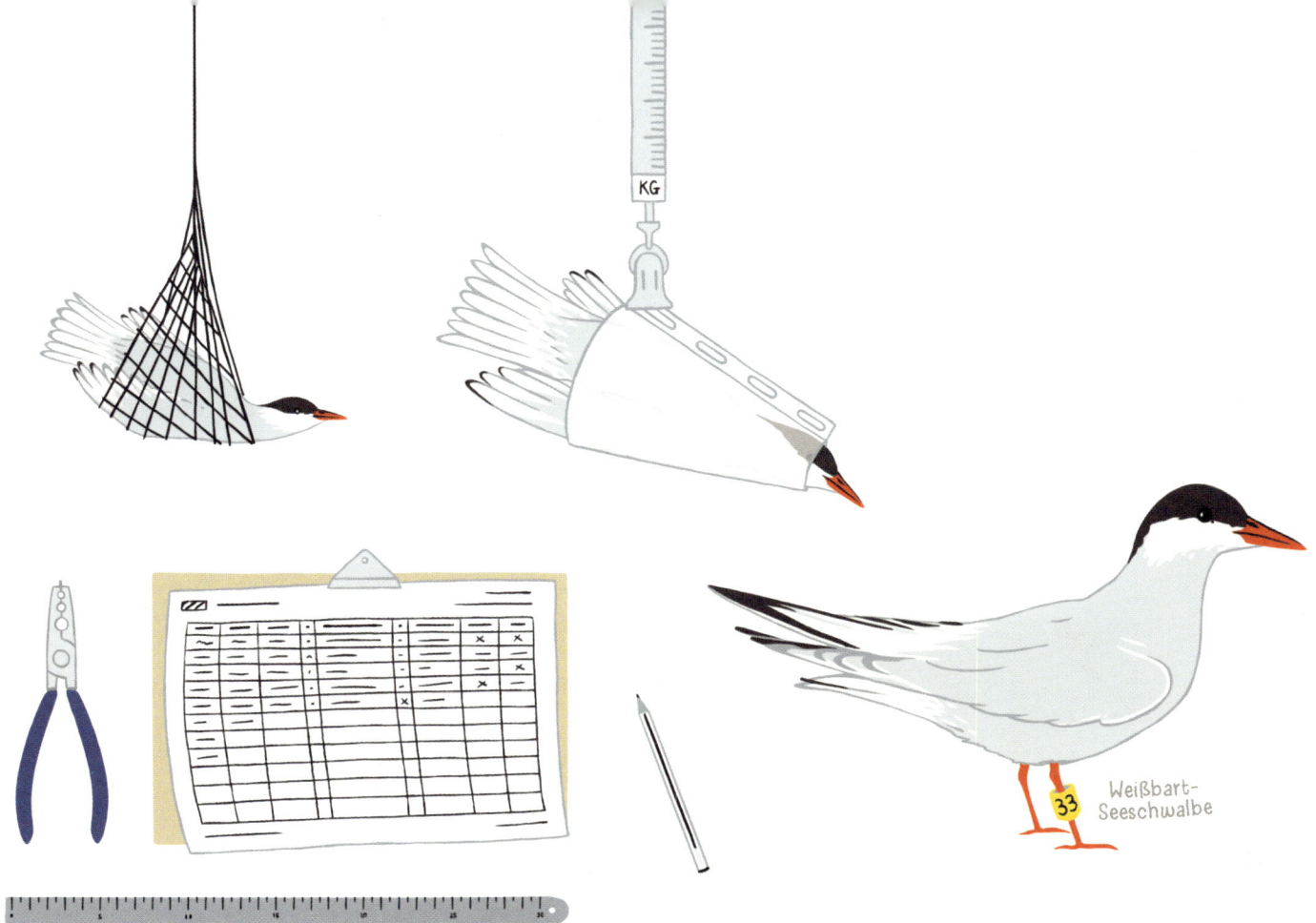

Weißbart-Seeschwalbe

Der Ring am Bein

Eine häufig angewandte Methode, um mehr über den Vogelzug herauszufinden, ist das Beringen. Dafür fangen Ornithologen die Vögel in Netzen, damit sie in die Hand genommen werden können. Dann wird ihr Geschlecht festgestellt (falls möglich) und ihr Alter (durch Untersuchung des Gefieders), ebenso die Größe ihrer Fettdepots und ihr Gewicht. Das ist wie bei einem Arztbesuch. Am Ende wird ein passender Ring am Bein des Vogels befestigt, auf dem Ring steht eine Zahl sowie eine Adresse. Wird der Vogel in einem anderen Land erneut gefangen, kann anhand des Ringes festgestellt werden, wo und wann der Vogel zum ersten Mal beringt wurde, und die Vogelwarte kann entsprechend informiert werden. So haben Ornithologen im Naturpark Étangs de Brenne in Mittelfrankreich das Beringen genutzt, um mehr über die **Weißbart-Seeschwalbe** in Erfahrung zu bringen, ein Vogel, der in Mooren brütet. Sie haben Jungvögel beringt, und als diese in Westafrika, in Senegal und Ghana wieder auftauchten, war klar, wo die Vögel den Winter verbringen. Mit derselben Methode wurde herausgefunden, dass diese Jungvögel nach einem Jahr als Erwachsene zurückkehren, um ihr Nest genau dort zu bauen, wo sie selbst zur Welt gekommen waren.

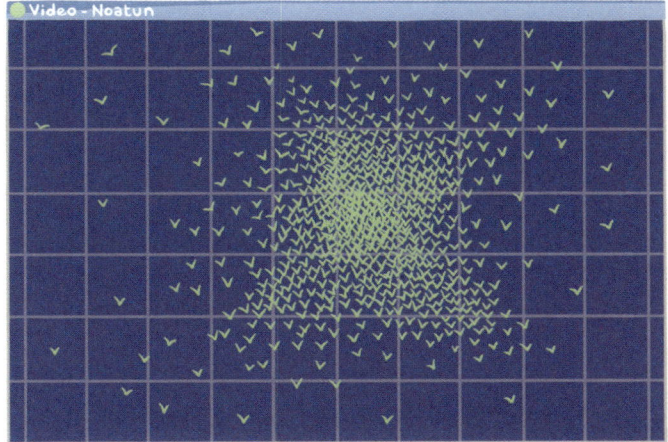

Militärisches Gerät

Als das Militär damit begann, mit Hilfe von Radar den Himmel nach feindlichen Flugzeugen abzusuchen, beobachteten sie häufig Vogelschwärme, wussten aber nicht, worum es sich handelte. Sie sortierten sie deshalb in der Kategorie „Engel" ein. Heute weiß man, dass diese Engel Vögel sind, und benutzt das Radar, um ihre Bewegungen zu untersuchen. Wenn ein Schwarm auf dem Bildschirm auftaucht, kennen die Forscher auch seine Höhe, die Richtung, in die er sich bewegt, die Zahl der Vögel, ihre Geschwindigkeit und sogar den Rhythmus ihres Flügelschlags.

Die Beobachtung des Mondes ist eine originelle Methode, um den Vogelzug zu studieren. Wenn die Vögel in Vollmondnächten vor der Mondscheibe vorbeiziehen, können wir sie zählen und bestimmen. Um das zu schaffen, braucht es allerdings eine gute Fernsicht und viel Übung.

Die Methode, die am meisten Resultate bringt, ist die Telemetrie. Wenn ein kleiner Satellitensender, genannt „Argos-Markierung", an den Federn eines Vogels befestigt wird, kann sein Flug von Anfang bis Ende an einem Computerbildschirm nachverfolgt werden. Mehrmals am Tag senden die Satelliten Informationen. Die Forscher wissen dadurch, wo sich der Vogel aufhält, welche Entfernung er am Tag zurückgelegt hat, mit welcher Geschwindigkeit und in welcher Höhe. So lässt sich auch feststellen, wo und wie lange Zugvögel rasten. Dank dieser Technik sind die unglaublichen Leistungen der **Pfuhlschnepfe** und des **Kurzschwanz-Sturmtauchers** ans Licht gekommen (siehe Kapitel *Rekordzugvögel S. 30*).

Zur Zeit können nur die großen Vögel, die **Greifvögel**, **Störche** und die größeren **Möwenarten** mit einem Sender ausgerüstet werden; für die kleinen Sperlingsvögel wäre er zu schwer. Bis heute ist der kleinste mit einer besonders leichten Argos-Markierung (4,5 Gramm) ausgerüstete Vogel ein **Baumfalken**-Weibchen. Es hat die Markierung 2008 in Deutschland erhalten. Dadurch wurde herausgefunden, dass das Falkenweibchen eine einwöchige Pause auf der Insel Elba vor der Küste der Toskana machte, vermutlich, um Energie zu tanken. Dann flog es weiter nach Süden, quer durch Nordafrika, bevor es in Kamerun eine zweite Pause einlegte. Es erreichte sein Winterquartier im Süden von Angola nach 49 Flugtagen. Dank der Wissenschaft treten wir heute in die geheime Welt der Zugvögel ein, ganz so, als reisten wir auf ihren Rücken mit.

Vogelzug-Rekorde

Auf der ganzen Welt sind jährlich
50 Milliarden Zugvögel unterwegs

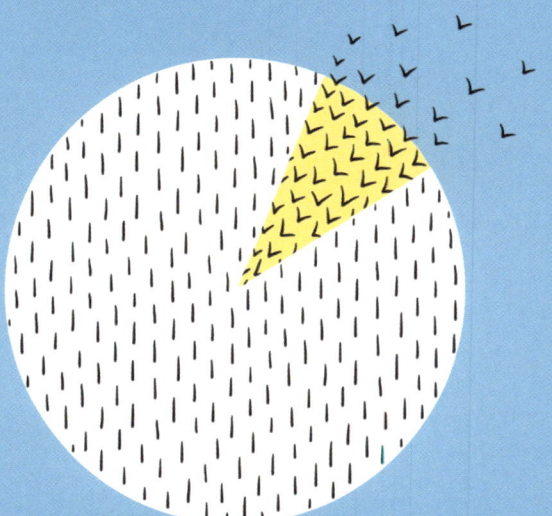

19% der 10 000
Vogelarten sind Zugvögel

Sperbergeier

Gänsegeier

11 300 Meter
ist die Höhe, die ein **Sperbergeier**
erreicht hat. Woher wir das wissen? Der Un-
glückliche ist über der Elfenbeinküste mit einem Flugzeug zusammengestoßen. Vielleicht
war er gerade auf dem Weg nach Spanien ...
diese Geier werden immer häufiger beim
Zug auf die iberische Halbinsel beobachtet,
zusammen mit **Gänsegeiern**.

4500 Kilometer in zwei Tagen

Die **Doppelschnepfe** schafft es, in zwei Tagen nonstop von Schweden bis Äquatorialafrika zu fliegen. Vor dem Abflug frisst sie soviel, um Fettreserven zu sammeln, dass sie ihr Gewicht verdoppelt. Bei der Ankunft ist sie völlig abgemagert. Blitzdiät!

Über 1 Million

Das ist die Zahl der jedes Jahr auf Zypern illegal von Wilderern mit Leimfallen und Netzen gefangenen Zugvögel. **Grasmücken**, **Spötter** und **Heidelerchen** werden gegessen, alle anderen gefangenen Vögel werden einfach nur getötet.

5 Milliarden

Es ist unmöglich, eine genaue Zahl anzugeben, aber die Zahl der Vögel, die jährlich im Frühjahr und im Herbst die Sahara überfliegen wird auf 5 Milliarden geschätzt.

180 km/h

Für **Singschwäne** gibt es keine Geschwindigkeitsbegrenzung, und sie zahlen auch kein Bußgeld. Ein Radarmessgerät hat sie bei 180 Stundenkilometern geblitzt, in 8000 Metern Höhe zwischen Schottland und Island. In dieser Höhe wehen kräftige Winde, sogenannte **Jetstreams**.

Lektorat: Isabelle Péhourticq, assistiert von Marine Tasso
Leitung Gestaltung: Kamy Pakdel
Künstlerische Leitung: Guillaume Berga
Die französische Originalausgabe ist 2014
unter dem Titel *Les Oiseaux Globe-Trotters* erschienen.
© 2014 Actes Sud, Arles

2. Auflage 2016
Für die deutsch Ausgabe:
© 2016 Verlagshaus Jacoby & Stuart, Berlin
Alle Rechte vorbehalten
Aus dem Französischen von Edmund Jacoby
Printed in Latvia
ISBN 978-3-941787-53-7
www.jacobystuart.de
Unser Trailer auf www.youtube.com/jacobystuart